Ingeborg Schmidt-Ponfick

Häkelteppiche selbst gestalten

Ingeborg Schmidt-Ponfick

Häkelteppiche selbst gestalten

AUGUSTUS VERLAG

Ein herkömmlicher Häkelteppich: Ober- und Unterseite sehen gleich aus.
Er ist in Reihen fester Maschen mit sechsfachem Faden gearbeitet.
Die Fransen sind anschließend eingeknüpft.

Zu Beginn

Die neue Teppichtechnik

Meine neuen Teppiche sind eine Weiterentwicklung herkömmlicher Häkelteppiche. Häkeln ist aufgrund seiner Arbeitsweise und dem einfachen Arbeitsgerät für zu Hause gut geeignet. Die beim Häkeln entstehenden Textilien fallen jedoch sehr unterschiedlich aus. Das hängt von der Beschaffenheit des Garnes ab sowie von der Zusammensetzung der Fläche aus einzelnen Maschen.
Das Charakteristische an „Maschenwaren" ist ihre Elastizität, die sich für die Nutzung als Teppich unter Umständen negativ auswirken kann. Beim Verhäkeln von weichen Garnen ist dies z.B. der Fall. Gehäkelte Teppiche sind verhältnismäßig leicht und liegen eher weich und rutschig auf dem Boden. Sie haben einen eher dekorativen Charakter, der davon abhält, ein solches Textil als Bodenbelag zu strapazieren.

Vorder- und Rückseite des Vorhangteppichs von Seite 24.

Die neue Häkelmethode ermöglicht es, sowohl schöne als auch strapazierfähige Teppiche mit hohem Gebrauchswert auf einfache Art zu Hause herzustellen.
Durch eine leicht abgewandelte Häkeltechnik entsteht eine Fläche, in die ein zweites Material, nämlich Streifen aus Stoffen, Kordeln oder ähnliches mit eingearbeitet wird.
Anders als die herkömmlichen Häkelteppiche, die zweidimensional, also flach und auch wendbar sind, erhalten diese Schlaufenhäkelteppiche – so werde ich sie ab jetzt nennen – eine dritte Dimension, die als Flor, Oberseite oder Nutzschicht bezeichnet wird. Dieser Flor bewirkt die Verstärkung und Gewichtserhöhung, die die Teppiche erst als Bodenbelag qualifizieren.
Der Blick auf die Unterseite zeigt, daß die Teppiche gehäkelt sind. Diese Seite hat allerdings nur eine sekundäre Bedeutung, ebenso wie bei traditionell hergestellten Knüpfteppichen. Die Vorderseite zeigt das verarbeitete Material mit einer interessanten, noppigen oder schlaufigen Oberflächenstruktur. Diese Seite bildet das Gesicht des Teppichs.
Durch diese Zweiseitigkeit unterscheiden sie sich sowohl von traditionellen Häkelteppichen als auch von den ebenfalls aus Stoffstreifen hergestellten Flecht- und Flickenteppichen.
In ihrer Strapazierfähigkeit sind sie den Webteppichen vergleichbar; der große Vorteil für zu Hause ist jedoch, daß man beim Herstellen keine Geräte wie Webstuhl oder Rahmen benötigt, sondern mit einfachen Handwerkszeugen auskommt.

Das Werkzeug

Die benötigten Arbeitsgeräte sind vermutlich in jedem Haushalt vorhanden, wenn nicht, sind sie für wenig Geld in einem Handarbeitsgeschäft um die Ecke zu beschaffen.

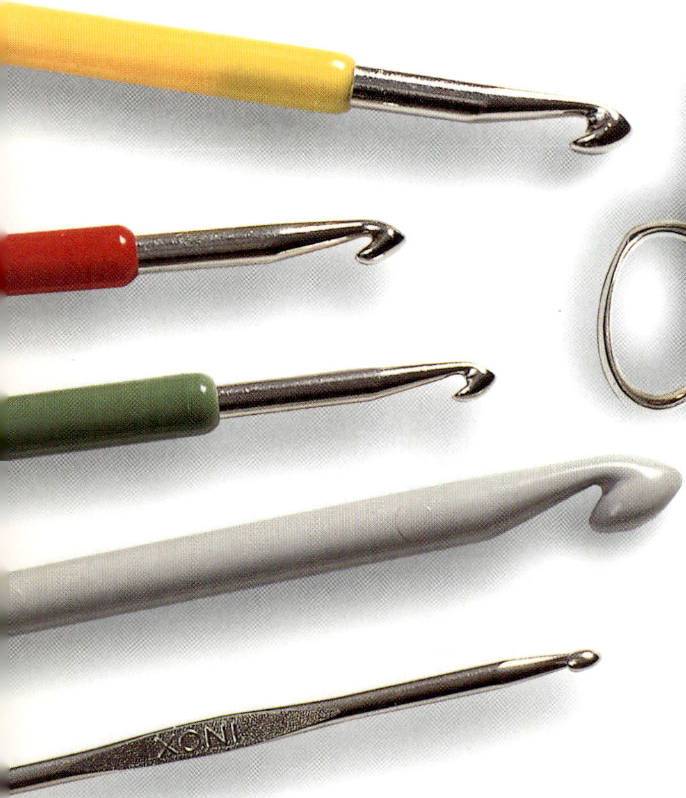

1. Häkelnadeln in verschiedenen Stärken, hauptsächlich Nr. 5 und Nr. 6.

2. Eine Schere, mit der die Stoffe zu- oder angeschnitten werden. Eventuell noch eine alte Schere zum Papierschneiden.

3. Ein Holzstäbchen zum Durchschieben der Stoffstreifen auf die Unterseite des Teppichs; das kann ein Stäbchen sein, das in der Teppichknüpferei verwendet wird, ein dünner Dübelstab, dessen Enden man ein bißchen anspitzt, ein Falzbein oder einfach ein Schaschlikspießchen.

4. Stopfnadeln in verschiedenen Stärken zum Vernähen von Fäden.

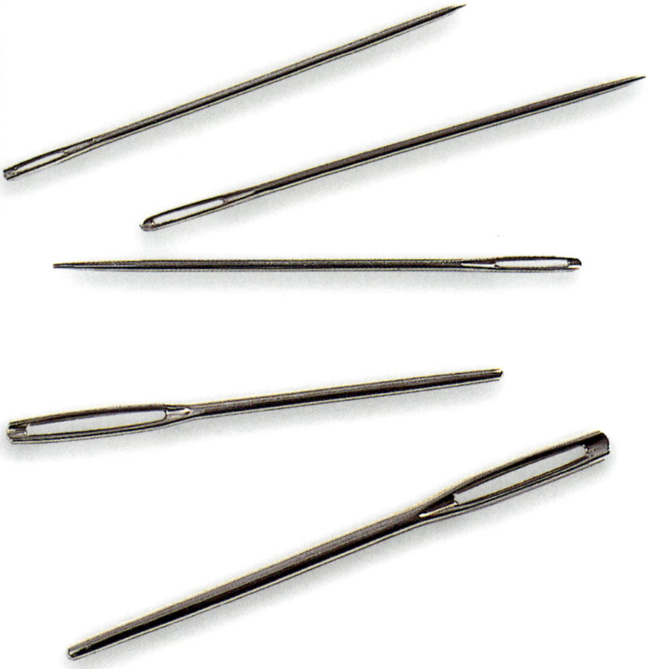

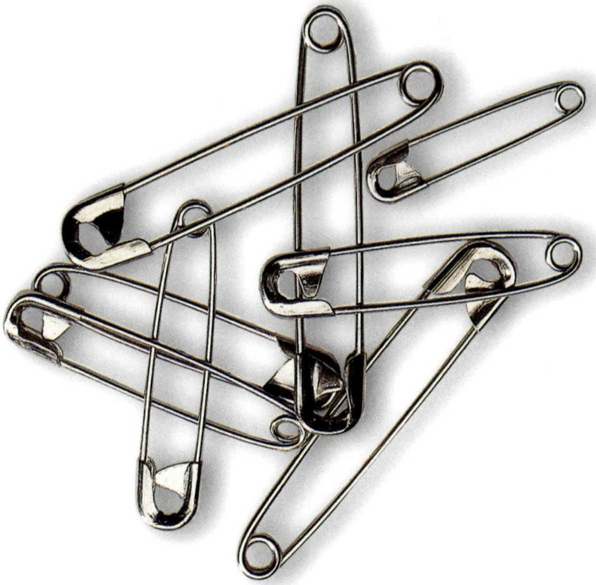

5. Sicherheitsnadeln.

Grundwissen

Bei den Schlaufenhäkelteppichen werden nur vier Maschenarten verwendet:

1. Luftmasche, die der Anfang jeder Häkelarbeit ist.

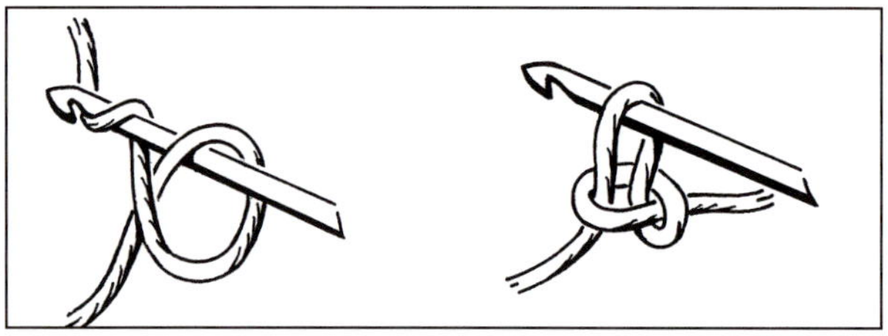

2. Wendemasche, die ja auch eine Luftmasche ist. Man braucht sie als Bindemasche zwischen einzelnen Maschenreihen.

3. Feste Masche, die einfachste aller Häkelmaschen für die Flächenbildung.

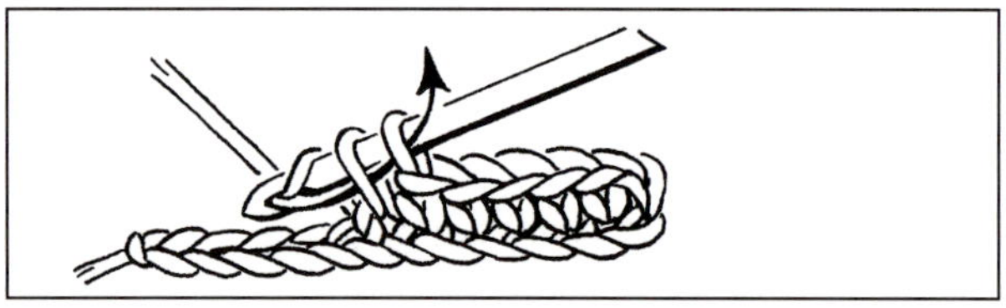

4. Kettmasche, im Prinzip eine halbe feste Masche, die unter anderem dazu dient, eine Runde zu schließen.

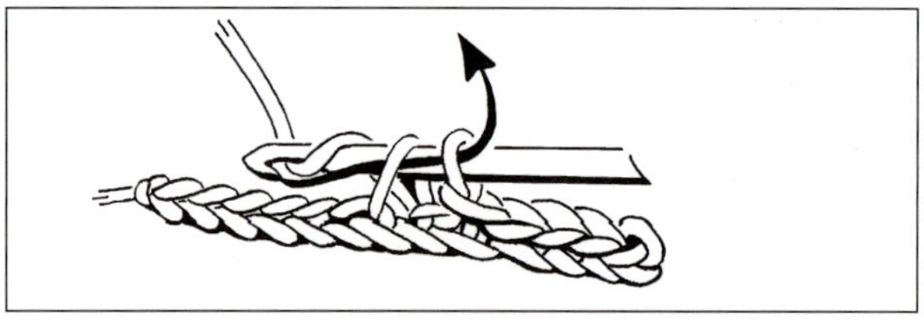

Häkelschriftsymbole
• = Luftmasche
+ = feste Masche
– = zeigt an, in welche Masche der Vorrunde die Maschen der folgenden Runde plaziert werden.

Verschiedene Formate

Fast jedes Format ist möglich: Rechteck, Quadrat, Kreis, Oval.
Man kann in Reihen häkeln (nur eckige Formate), was am einfachsten ist, weil die Maschenzahl in jeder Reihe konstant bleibt.

Man kann aber auch in Runden aus der Mitte heraus arbeiten. Das ist etwas schwieriger, da die Maschenzahl in jeder Runde erhöht werden muß. Diese Arbeitsweise ist bei ovalen oder kreisförmigen (siehe Kinderteppich, Seite 46) Formaten unumgänglich. Bei rechteckigen und quadratischen Formen kann man sie gezielt einsetzen, um zusätzliche Effekte zu erzielen, z. B. wenn viele verschiedene Stoffreste verarbeitet werden sollen. Die einzelnen Stoffe wechseln nach einer oder mehreren Runden und zeichnen so linienförmig oder als breitere Streifen das Format nach.
Bei runden und ovalen Formen müssen die Zunahmen ausprobiert werden, da auch die Stärke des Garnes und der einzuarbeitenden Stoffstreifen eine Rolle spielen.

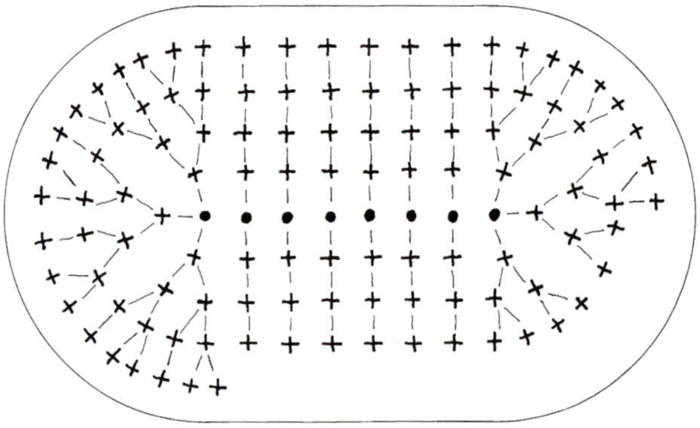

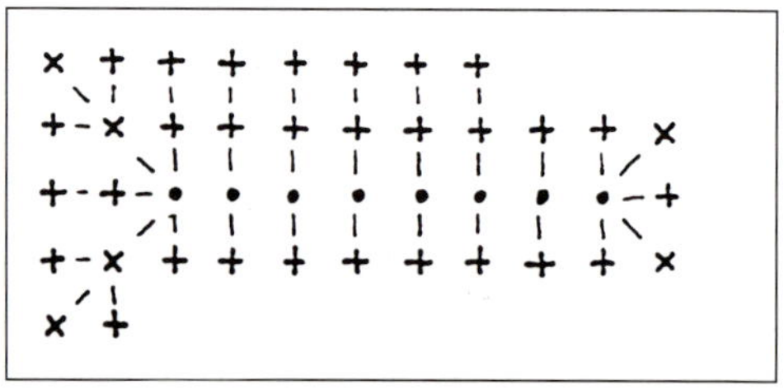

Ovale und rechteckige Formate entwickeln sich aus einer Reihe Luftmaschen.

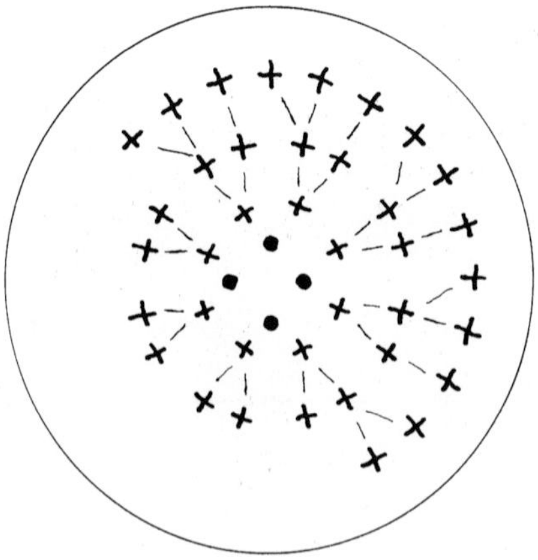

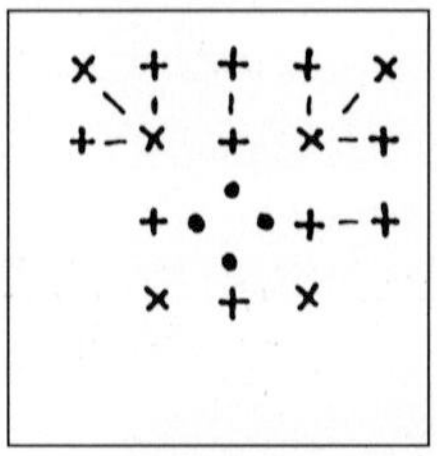

Runde und quadratische Formate entwickeln sich aus einem Ring Luftmaschen.

Die Zunahme bei den eckigen Formaten erfolgt in jeder Runde an den Eckpunkten mit je zwei zusätzlichen Maschen. Beim Kreis verteilen sich die Zunahmestellen gleichmäßig, beim Oval werden sie nur in den Rundungen plaziert. Wenn sich die gerade gehäkelte Runde nach innen wölbt, war die Zunahme zu gering. Wirkt sie dagegen eher wellig, muß die Maschenzahl reduziert werden.

Teppichformate von mehr als 120 cm Breite und variabler Länge können auch aus Quadraten oder Rechtecken zusammengesetzt werden (siehe z.B. Wohnzimmerteppich, Seite 28). Das hat den Vorteil, daß während des Arbeitens nicht das ganze Gewicht des Teppichs in den Händen gehalten werden muß.

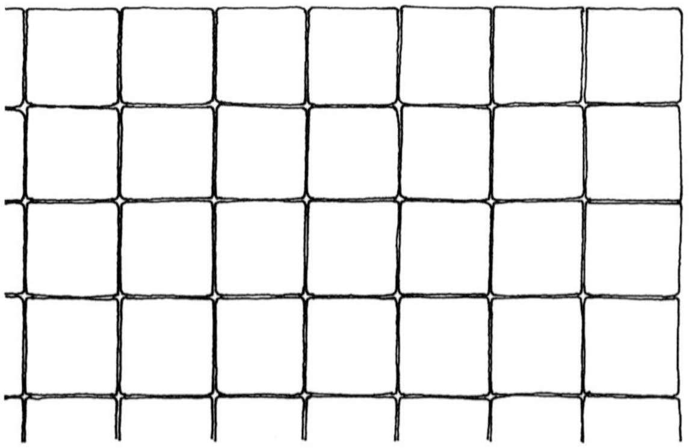

Kombination von Quadraten.

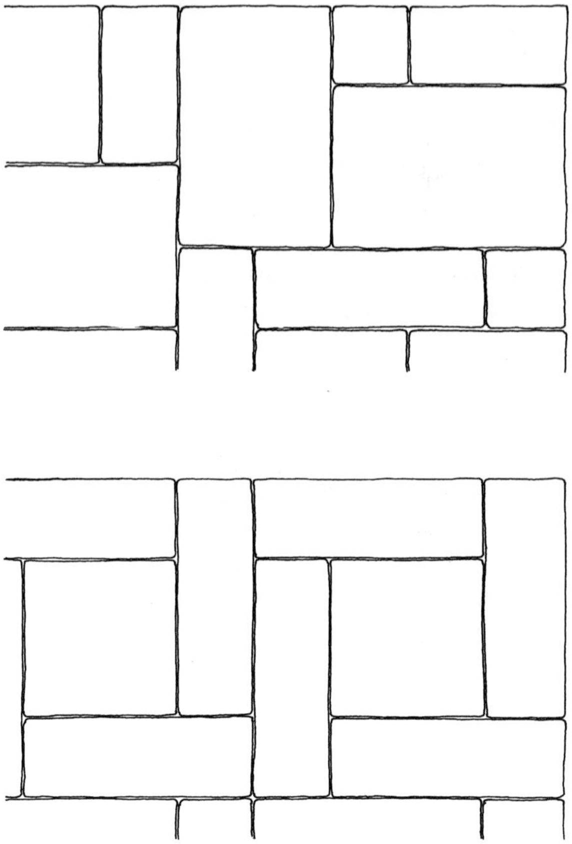

Kombination von Quadraten und Rechtecken.

Eine weitere Variante ist, in unterschiedlichen Richtungen zu arbeiten. Das heißt z.B. an ein längliches, schmales Teil wird quer an den Längskanten oder ringsherum an allen Seiten angehäkelt (siehe z.B. Badezimmermatte, Seite 36). Experimentierfreudige können hier ihrer Kreativität freien Lauf lassen.

Die Garne

Für die gehäkelte Unterseite Ihres Teppichs benötigen Sie geeignete Garne, z.B. aus Baumwolle, Wolle, Synthetik oder Hanfkordel, die aber eine gewisse Stärke nicht unterschreiten sollten. Achten Sie deshalb bei der Auswahl darauf, daß die Lauflänge des Fadens auf 100 Gramm Gewicht bei ungefähr 100 m oder weniger liegt.

Hat man nur dünneres Garn zur Verfügung, da man z.B. das Material aufgeribbelter Pullover wieder verwenden will, kann der Faden auch doppelt oder mehrfach genommen werden. Ist das Garn dicker, verkürzt sich die Arbeitszeit, das Ergebnis fällt allerdings auch etwas gröber aus. Prinzipiell gilt, daß sich ein voluminöses, weiches Garn besser und schneller verarbeiten läßt. Die Teppiche werden weich und nicht so schwer. Ein festes, stark gedrehtes Garn ist etwas aufwendiger zu handhaben, ergibt allerdings auch sehr gut liegende, schwere Teppiche. Die Weichheit der Oberfläche kann man hier durch die Wahl eines weichen Stoffes erzielen. Weiche Garne sollten immer nur in Kombination mit weichen Stoffen verarbeitet werden, feste Garne können sowohl mit weichen als auch mit festen Stoffen kombiniert werden. Die Farbe der Garne spielt in der Regel keine Rolle, da sie an der Oberfläche, außer an den Außenkanten, nicht sichtbar ist. Eine Ausnahme bildet hier die Matte für den Wintergarten (Seite 58), bei der das Oberflächenmaterial flach eingearbeitet wird. Wer es natürlich besonders schön machen will, stimmt die Garnfarbe auf den Stoff ab.

Die benötigten Garnmengen für ein bestimmtes Modell können anhand einer Arbeitsprobe ermittelt werden. Als Faustregel gilt, daß für ein Quadrat von zehn mal zehn Zentimetern zwischen 13 und 25 g Garn erforderlich ist, je nach Garnart und -stärke. Die Garnmengen für einen Teppich in der Größe von 100 x 160 cm betragen also zwischen 2200 und max. 4000 g.

Preisgünstige Wolle in größeren Mengen ist häufig in Webereien oder Spinnereien zu bekommen.

Die Stoffe

Für die Oberseite, den Flor Ihres Teppichs haben Sie eine noch größere Auswahl an Material. Verwendbar sind alle handelsüblichen Gewebe und Maschenwaren, die eine stumpfe Oberfläche aufweisen. Rupfen, Samt und Frottee sind weniger geeignet, letztere wegen ihrer starken Neigung zum Ausflusen, Rupfen, weil er zu locker gewebt ist.

Gut geeignet sind:

- **einfarbige und bedruckte Baumwollstoffe,**
- **etwas filzige Wollstoffe, wie z.B. Flanell,**
- **Wolljerseys, wie z.B. glatt gestrickte, nicht zu grobe Pullover,**
- **bedruckte Dekostoffe,**
- **preiswerte Rohnesselstoffe, die man färben kann,**
- **Baumwolljerseys, z.B. alte T-Shirts,**
- **vorgefertigte Stoffbändchen,**
- **Kordeln,**
- **dicke Schnüre,**
- **Cord- und Jeansstoffe, z. B. alte Hosen.**

Wenn möglich, sollten Sie ein kleines Lager an Stoffen und Garnen anlegen.

Entwerfen von Teppichdessins

Einen Schlaufenhäkelteppich selbst zu entwerfen ist gar nicht schwer, wenn man weiß, wie es gemacht wird!

Man braucht dazu
- Packpapier oder weißes Tischdeckenpapier,
- Buntstifte und einen Bleistift,
- Pinsel, Plaka- oder Aquarellfarben,
- ein langes Lineal oder eine sehr gerade Holzleiste,
- Zollstock oder Maßband,
- ein Geodreieck für die rechten Winkel.

Die Wege zum Entwurf können unterschiedlich sein. Manchmal möchte man einen Teppich für einen bestimmten Platz entwerfen, manchmal hat sich eine Menge Material angesammelt, das für einen Teppich verwertet werden soll, manchmal ist es auch eine Idee, die man ganz spontan in einen Entwurf umsetzen will.

Wie auch immer die Voraussetzungen sind, zuerst sollte man sich Gedanken über Größe und Form des Teppichs machen. Die Form kann rund, rechteckig, quadratisch oder oval sein. Das ist eine Frage der Räumlichkeit und des persönlichen Geschmacks. Um die richtige Proportion

und Größe zu ermitteln, stellt man sich aus Papier mit Hilfe von Lineal, Winkel und Bleistift eine Vorlage in Originalgröße her und legt diese an der Stelle aus, wo der Teppich später liegen soll. Nun sieht man, ob die Ausmaße richtig sind oder ob sie noch verändert werden müssen.
Nach dieser Entscheidung ist es wichtig, über das gewünschte Material, die benötigte Menge und die Farben nachzudenken.
Möchte man vorhandenes Material aufbrauchen, sollte man herausfinden, wieviel davon für eine festgelegte Fläche, z.B. 10 x 10 cm, gebraucht wird. Am besten, Sie häkeln dazu ein Probestück (siehe auch Seite 14). Danach kann durch Wiegen der Garne und Abmessen der Stoffe festgestellt werden, für wieviel Teppichfläche das vorhandene Material ausreicht. Zur Not müssen Sie noch weiteres Material besorgen oder die Größe abändern. Auf jeden Fall müssen die Einzelmengen beim Entwerfen berücksichtigt werden.
Möchte man neues Material kaufen, kann man mit Hilfe der Arbeitsprobe die Gesamtmenge ermitteln und bekommt so auch eine ungefähre Vorstellung über die Kosten.
Die Einzelmengen, falls man verschiedene Farben und Materialarten verwenden möchte, lassen sich erst nach Fertigstellung des Entwurfes festlegen.

Beim Entwurf selbst muß man auch die Herstellungsart im Auge behalten. Ein Web- oder Knüpfteppich hat andere Gestaltungsmöglichkeiten wie ein Schlaufenhäkelteppich: Die Musterung dieser Häkelteppiche darf nicht kleinteilig, sondern muß eher flächig sein. Blumenmuster, Ranken und runde Formen lassen sich schlecht umsetzen. Sehr gut geeignet sind Muster aus:

- Streifen, schmal oder breit, regelmäßig oder unregelmäßig verteilt,
- Quadraten und Rechtecken,
- Farbflächen mit klaren, aber auch ausgefransten Umrissen,
- Einzelformen in einfarbigen Flächen,
- geometrischen Bordüren usw.

Ist die Entscheidung über Farbe und Muster getroffen, malen Sie mit Bleistift die Umrisse des Musters auf die Papiervorlage und füllen die Einzelflächen mit Buntstiften in den Wunschfarben oder in den Farben des vorhandenen Materials aus. Bei großen Entwürfen nimmt man zum Kolorieren besser einen Pinsel und Wasserfarben oder man verkleinert die Vorlage maßstabsgerecht.
Natürlich können Sie auch das vorhandene Material auf der Vorlage auslegen und so herausfinden, wie es im einzelnen zusammenpaßt, welche Farbe an dieser oder jener Stelle gut aussieht und mit welchen Farben man sparsamer umgehen sollte. Sind Sie unsicher, lassen Sie die Vorlage doch ein paar Tage an Ort und Stelle liegen, um sie zu betrachten. Auf diese Weise erkennt man sehr schnell, ob der Entwurf schön ist und wie er sich in die Umgebung einfügt.

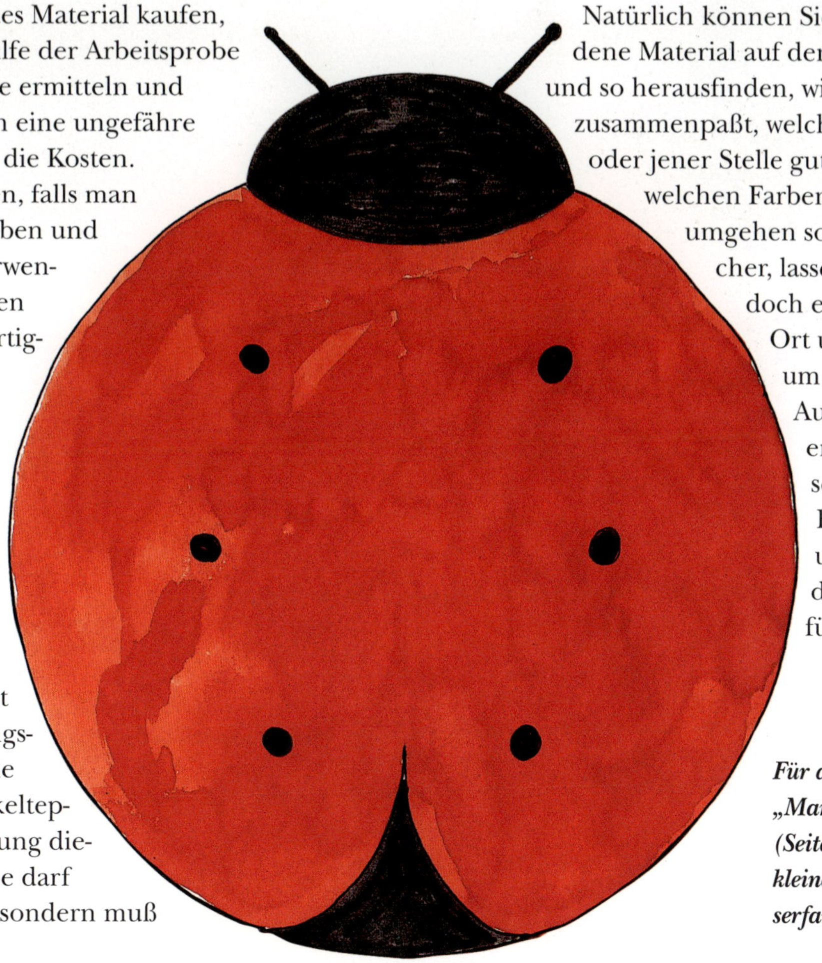

Für den Kinderteppich „Marienkäfer" (Seite 46) genügt eine kleine Farbskizze in Wasserfarben.

Die Modelle

Der Teppich zum Vorhang

Größe
100 x 156 cm

Dieser Teppich bildet eine harmonische Ergänzung zum Vorhang, denn er ist aus demselben Material gemacht! Muster und Farben des Vorhangs wiederholen sich im Teppich in verkleinerter Form. Die Arbeitstechnik verfremdet zwar das Dessin des Stoffes, bietet aber gleichzeitig eine einfache Möglichkeit der Gestaltung, ohne selbst zu entwerfen, denn das Muster entsteht von allein. Dekostoffe sind aufgrund ihrer Muster, ihrer Farbigkeit und nicht zuletzt wegen ihrer Lichtechtheit besonders geeignet, um sie zur Herstellung von Teppichen zu verwenden.

Arbeitsgeräte
Häkelnadel Nr. 6
Stopfnadel
Schere
Maßband
Bleistift

Garn für die Fläche und den Rand
ca. 2200 g Dochtgarn aus 100 % Schurwolle in Wollweiß
Lauflänge: 100 m auf 100 g
Der Faden wird für die Fläche einfach verarbeitet, für die Ränder doppelt.

Der Wohn-zimmerteppich

Größe
190 x 290 cm
Größe der Quadrate: 17 x 17 cm
Anzahl der Quadrate: 187 (11 Quadrate in der Breite, 17 Quadrate in der Länge)

Großformatige Teppiche sollte man besser nicht an einem Stück häkeln, sondern die Gesamtfläche aufteilen. Dieses Modell setzt sich aus kleinen, einfarbigen Quadraten zusammen, die einzeln gehäkelt und anschließend Stück für Stück und dann Reihe für Reihe zusammengenäht werden. Farbigkeit und Muster sind zurückhaltend und bilden eine perfekte Ergänzung zur Einrichtung moderner Wohnräume.

Arbeitsgeräte
Häkelnadel Nr. 6
Stopfnadel
Schere

Garn für die Fläche und zum Zusammennähen
9300 g einfach gedrehtes Streichgarn aus 60 % Wolle und 40 % Viskose, blaumeliert und/oder braunmeliert
Lauflänge: 200 m auf 100 g
Der Faden wird zweifach verarbeitet.

Wichtig:
Die Garnfarbe für die Fläche kann, muß aber nicht zu den Stoffarben des Flors passen. Für die außen sichtbare Berandung muß jedoch ein farblich passendes Garn verwendet werden.

Der Teppich fürs Bad

Größe
62 x 96 cm

Dieses Modell bringt selbst die schlimmsten Morgenmuffel auf Trab. Und das Schönste daran ist, daß die Matte zum größten Teil aus Abfallprodukten bzw. ausgedienten Textilien hergestellt worden ist. Fachleute würden dies als echtes Recycling bezeichnen!
Die Matte ist in einem Stück gehäkelt, jedoch nicht von Anfang bis Ende in Reihen. Den Anfang bildet das weiße Feld mit den grauen Vierecken in der Mitte, die gelben Ränder sind danach angehäkelt: erst die schmalen Längs-, dann die breiteren Querstreifen.

Arbeitsgeräte
Häkelnadel Nr. 6
Stopfnadel
Schere

Garn für die Fläche
800 g Hochbauscheffektgarn aus Polyamid mit Polyesterumzwirnung in Weiß
Lauflänge: 120 m auf 100 g
Der Faden wird einfach verarbeitet.

Sie können auch ein Topflappengarn aus Baumwolle verwenden. Die Matte wird dann allerdings sehr schwer, da Sie den Faden zweifach nehmen müssen und sich somit der Materialverbrauch erhöht. Gut geeignet ist Acrylgarn, das man in großen 500-g-Knäueln für wenig Geld in Kaufhäusern findet.

Wichtig:
Synthetische Garne aus Polyamid, Polyacryl und Polyester haben ein niedrigeres spezifisches Gewicht als Textilfasern wie Baumwolle oder Wolle. Das hier verwendete Synthetikgarn ist ebenso füllig wie z.B. ein Dochtgarn aus reiner Schurwolle mit einer Lauflänge von 90 m auf 100 g Gewicht.

Garn für den Rand
ca. 60 g dreifach gezwirntes Baumwollgarn in Sonnengelb
Lauflänge: 87 m auf 50 g
Der Faden wird dreifach verarbeitet.

Material für den Flor
60 cm Feinflanell aus reiner Baumwolle, 150 cm breit, in Grau
60 m Fransenband in Weiß
8 Trägerhemden und 2 T-Shirts aus reiner Baumwolle in Weiß
2 Päckchen Textilfarbe in Pulverform (für je 400 g Stoff)in Goldgelb
5 ml flüssige Textilfarbe in Mohnrot

Das Fransenband stammt aus einer Polsterstoffweberei. Es ist ein Produktionsabfall, der beim Beschneiden von Stoffkanten anfällt und den man kostenlos bekommen kann. Als Alternative eignet sich Besatzmaterial zur Dekoration von Vorhängen, Faschingskostümen oder Sonnenschirmen, das in Kaufhäusern in der Modewarenabteilung erhältlich ist. Außerdem können Sie auch Plüschstoffe aus Synthetik oder Baumwolle in Streifen schneiden und verarbeiten.

Material vorbereiten
Die alten Hemden und T-Shirts für die gelben Farbfelder an den Außenkanten der Matte müssen noch eingefärbt werden. Die Färbung erfolgt mit handelsüblicher Textilfarbe in der Waschmaschine. Genauere Vorschriften über das Färben entnehmen Sie bitte der Packungsbeilage der Farbe.

Die angegebene Farbstoffmenge bezieht sich auf 1000 g Stoff und ergibt ein schönes sonniges Gelb, das im Ton genau zu der Farbe des Baumwollgarnes für die Berandung paßt.
Lösen Sie das gelbe Farbpulver in heißem Wasser unter Rühren auf und gießen Sie die Lösung anschließend noch einmal durch ein Sieb. Es dürfen keine ungelösten Farbpartikel ins Färbebad kommen, sonst kann die Farbe Streifen ziehen. Danach mischen Sie erst das Rot unter.

Stoffe zuschneiden

Wenn die Hemden und T-Shirts eingefärbt sind, werden sie vom Saum ausgehend spiralförmig zu Endlosstreifen aufgeschnitten, Säume und Saumbändchen vorher abgetrennt (siehe Seite 16).
Bei der Stärke des Materials sollten die Streifen ungefähr 4 – 5 cm breit sein. Man kann sie nach Augenmaß zuschneiden; es spielt keine Rolle, wenn die Breite innerhalb eines Streifens ein bißchen schwankt.
Von den T-Shirts sind nur die Körperteile bis zu den Armlöchern verwendet worden. Der Verbrauch für ein schmales Längsfeld sind ungefähr 2 Hemden, für die breiteren, seitlichen Felder jeweils 3 Hemden.
Die Fransenbändchen kann man so verarbeiten, wie sie aus der Weberei kommen. Hilfreich ist es, sie vor dem Verarbeiten zu sortieren und zu Knäueln aufzuwickeln.
Der Flanell für die grauen Vierecke und die Trennlinie wird in 4 cm breite Streifen gerissen. Für ein Viereck braucht man 5 Streifen in voller Stoffbreite, für die Trennlinien jeweils 2 Streifen.

Häkeln

Für die innere Fläche werden 40 Luftmaschen und eine Wendemasche mit normalem Arbeitsfaden angeschlagen. Es folgt eine Reihe fester Maschen, die die Grundreihe für die erste flortragende Reihe bildet. Da an dieser Kante später noch angehäkelt wird, entfällt eine spezielle Berandung. Arbeiten Sie die erste und zweite Reihe wie auf Seite 16 ff. beschrieben, jedoch mit einfachem Faden, die dritte Reihe wird gehäkelt wie Reihe 5 (Seite 18).
Von den 40 Maschen für die Breite des Mittelfeldes sind die ersten 11 Maschen für das graue Viereck reserviert. Zwischen 11. und 12. Masche erfolgt der Farbwechsel. Der Übergang wird besser, wenn man schon vor dem Abmaschen der 11. Masche das Fransenband, also die nächste Farbe, mit einlegt.
Nach 12 (flortragenden) Reihen endet das Viereck und die nächsten 35 Reihen werden nur mit dem Fransenband gearbeitet.

Das Fransenband wird beim Einhäkeln nicht so schlaufig vorgeschoben wie ein Stoffstreifen.
Für eine volle Reihe brauchen Sie ungefähr 1 m Bändchen (das entspricht etwa der doppelten Strecke). Man sollte darauf achten, daß die Fransen zwischen den Maschen gut herausstehen, so daß sich ein wirklich zotteliger Flor bildet.

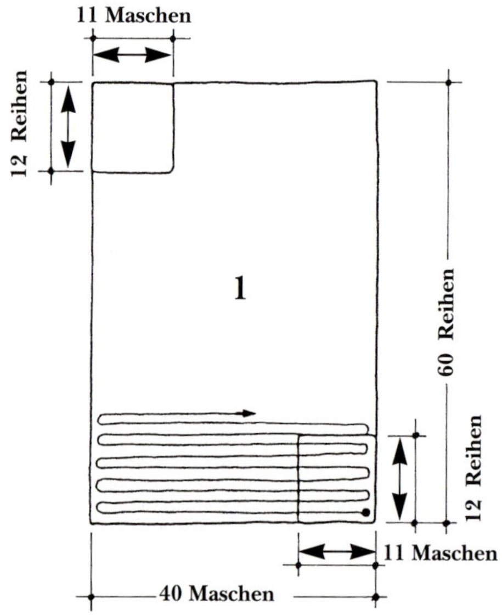

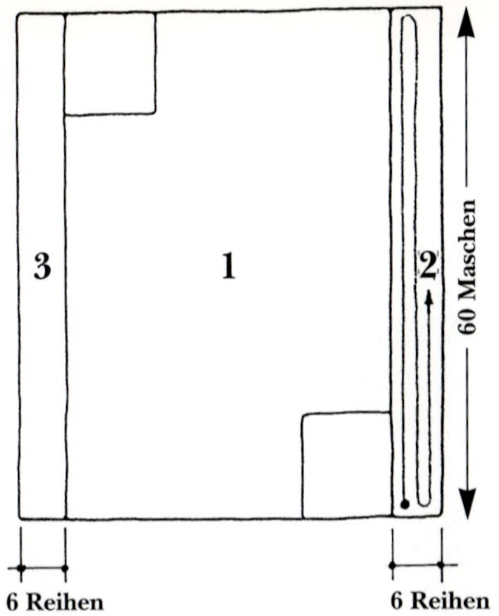

In der 48. Reihe beginnen die letzten 12 Reihen der inneren Fläche, in denen wieder ein Farbwechsel stattfindet. Die Farbe wird nun nicht mehr zwischen der 11. und 12. Masche gewechselt, sondern nach der 29. Masche, da sich die Vierecke in der Fläche diagonal gegenüberliegen.

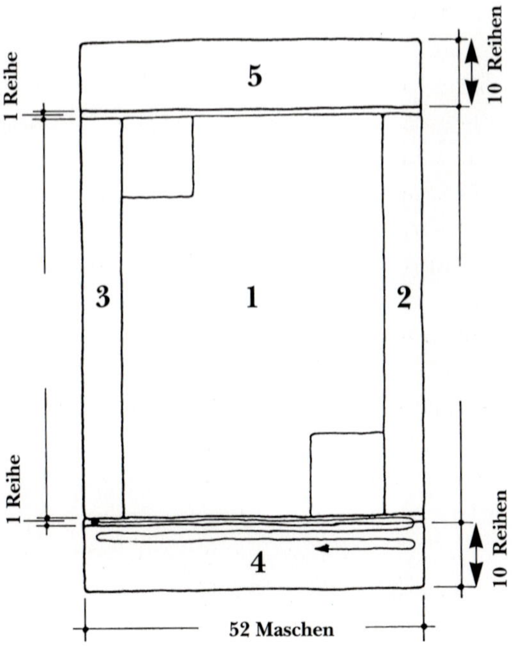

Die mittlere Fläche (1) der Matte ist nach 60 Reihen fertig. Jetzt wird die erste Längsfläche (2) seitlich angesetzt.
Als erstes häkeln Sie an eine Längskante des mittleren Feldes eine Grundreihe mit dem Arbeitsfaden an: Die rechte Seite liegt oben. Die Mascheneinstiche erfolgen zwischen den Reihen und je einer am Anfang und am Ende der Kante. Insgesamt beträgt die angehäkelte Maschenzahl 60.
Die Fläche wird 6 Reihen breit (in Gelb) gehäkelt.
Fläche (3) wird gegengleich gearbeitet.
Nun müssen Sie nur noch die seitlichen Farbfelder (4 + 5) ansetzen. Je Seite werden 52 Maschen angehäkelt. Auf eine Reihe mit grauem Flanell folgen 10 Reihen mit gelbem T-Shirtstoff.
Eine Runde fester Maschen mit dreifachem, gelben Baumwollgarn bildet den Abschluß um die gesamte Bademattte.

Die Matte ist fertig, der Badespaß kann beginnen!

Wichtig:
Wenn die Badematte einmal schmutzig geworden ist, ist das kein Problem. Das verwendete Material ist problemlos waschbar. Die ersten Male sollten Sie sie lieber von Hand waschen, später ist auch eine schonende Maschinenwäsche möglich.

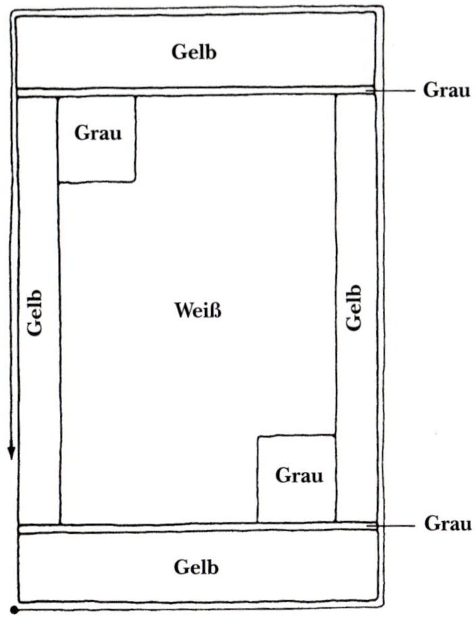

Der Pullover-teppich

Größe
85 x 135 cm

Der Pulloverteppich ist ein gutes Beispiel dafür, wie alte Kleidungsstücke ein neues Leben führen können! Das Muster des Teppichs zeigt schematisch einen Pullover, der den Ursprung des verwendeten Materials symbolisieren soll. Es ist nur eine von vielen Möglichkeiten einer farblichen Gestaltung. Voraussetzung ist, daß Sie schon eine Weile alte Pullis gesammelt haben, denn nicht jeder Pullover ist gleich gut geeignet.
Vor dem Entwerfen des Teppichdessins sollten Sie unbedingt ausprobieren, wieviel Material (Pulloverstoff und Garn) für eine bestimmte Fläche (z.B. 10 x 10 cm) gebraucht wird. Danach können Sie überlegen, wie die einzelnen Farben in der Fläche verteilt werden sollen, und gegebenenfalls eine Skizze anfertigen.

Skizzieren auf Rechenkästchenpapier:

Für kleinere Teppiche, wie z.B. den Pulloverteppich oder auch die Badezimmermatte, lassen sich Entwürfe in verkleinertem Maßstab sehr gut auf Rechenkästchenpapier oder auch Millimeterpapier skizzieren. Ein Kästchen entspricht einer Masche, da Maschenbreite und -höhe in etwa gleich sind. Insbesondere die Farbwechsel, wie beim Krageneinsatz am Pulloverteppich, gelingen so besser, da man die Kontur vorher ausprobieren kann und sie anschließend nur noch durch Abzählen auf die Häkelarbeit zu übertragen braucht.

Arbeitsgeräte
Häkelnadel Nr. 6
Stopfnadel
Schere

Garn für die Fläche und für den Rand
2400 g einfach gedrehtes Streichgarn aus reiner Wolle in Grau
Lauflänge: 250 m auf 100 g
Der Faden wird für die Fläche vierfach, für die Berandung sechsfach verarbeitet.

Wichtig:
Das Garn für diesen Teppich stammt aus dem Restpostenverkauf einer Tuchweberei für Damenoberbekleidungsstoffe. Es ist zwar relativ dünn, da es aber mehrfach genommen werden kann, ist es trotzdem sehr gut geeignet. Der Kilopreis war enorm günstig, ein Bruchteil dessen, was man im normalen Handel bezahlen würde.
Es lohnt sich immer, nach solchen Quellen Ausschau zu halten. Auch kleine Handwebereien bieten oftmals günstig Garne an. Im Branchenverzeichnis oder bei örtlichen Handels- und Handwerkskammern können Sie nach entsprechenden Firmen suchen.

Material für den Flor
Für diesen Teppich sind acht Pullover mittlerer Größe sowie drei Strickstoffreste verarbeitet. Alle Materialien sind glatt rechts und fein gestrickt. Wenn Sie selbst nicht genügend alte Pullover gesammelt haben, fragen Sie doch bei Freunden und Bekannten nach!

A) Lambswoolpullover, schwarz
B) Merinopullover, anthrazit
C) Lambswoolpullover, beige-grau
D) Lambswoolpullover, hellgrau-meliert
E) Angorapullover, anthrazit
F) Angorapullover, silbergrau
G) Angorapullover, royalblau
H) Lambswoolpullover, anthrazit
I) 35 cm Strickstoffrest, 130 cm breit, mausgrau
K) 25 cm Strickstoffrest, 130 cm breit, blaugrau
L) 15 cm Strickstoffrest, 130 cm breit, rot

Falls Sie Strickstoffe kaufen, müssen Sie statt eines Pullovers mit ca. 1 m Stoff bei einer Breite von 130 cm rechnen.

Material vorbereiten
Waschen Sie alle Pullover und Strickstoffreste vor dem Verarbeiten bei ca. 40° C, also ruhig etwas zu heiß: Sie dürfen und sollten leicht filzig werden. Diese Vorbehandlung erhöht die Haltbarkeit des Teppichs und verhindert ein Ausribbeln, wenn das Material in Streifen geschnitten wird.
An allen Pullovern werden Hals-, Ärmel- und Saumbündchen abgeschnitten. Nachdem die Ärmel herausgenommen wurden, können auch die Schulternähte voneinander getrennt werden. Schneiden Sie das schlauchförmige Körperteil und die Ärmel nun rundherum in gut 3 cm breite Endlosstreifen (siehe Seite 16). Die Breite der Streifen ist für das voluminöse Pullovermaterial genau richtig, und Endlosstreifen haben den Vorteil, daß so gut wie kein Verschnitt entsteht, denn die Länge eines Einzelstreifens geht meistens nicht mit der Länge einer Häkelreihe auf. Der Materialverbrauch wird sparsamer und man braucht nicht ständig mit kurzen Streifen neu anzusetzen.
Auch die Strickstoffe schneiden Sie in Endlosstreifen und wickeln alle Streifen zu einzelnen Knäueln, damit sich gleichende Farben nicht durcheinanderkommen können.
Noch ein Wort zum Verbrauch: Für einen Farbblock von 7 Reihen (9,5 cm) in der Höhe und 70 Maschen (85 cm) in der Breite wird fast das gesamte Körperteil eines Pullis verbraucht.

Der Kinderteppich
„Marienkäfer"

Größe
90 cm im Durchmesser

Die meisten Kinder lieben Marienkäfer. Man findet sie in der Kinderwelt nahezu überall, auf Stoffen, auf T-Shirts, auf Tapeten, als Kuscheltier und in Form von Süßigkeiten. Hier stand der bunte Käfer Pate für einen Teppich für das Kinderzimmer. Das Material ist besonders weich und, da es ausschließlich aus Naturfasern wie Wolle und Baumwolle besteht, auch besonders kindgerecht. Die Farbe ist kräftiger als die eines lebendigen Käfers, entspricht aber sehr der Vorliebe der Kinder für bunte Farben. Die runde Form entsteht durch das Häkeln in Runden (siehe Seite 11).

Arbeitsgeräte
Häkelnadel Nr. 6 für die Teppichfläche
Häkelnadel Nr. 4,5 für Punkte und Fühler
Stopfnadeln
Sicherheitsnadeln
Schere
Packpapier
Bleistift
Schneiderkreide

Garn für die Fläche
950 g einfach gedrehtes Streichgarn aus reiner Wolle in Grau
Lauflänge: 250 m auf 100 g
Der Faden wird zweifach verarbeitet.

Garn für den Rand, die Punkte und die Fühler
200 g mehrfach gedrehtes, mercerisiertes, sehr glattes Garn aus reiner Baumwolle in Schwarz
Lauflänge: 220 m auf 100 g
Der Faden wird zweifach verarbeitet.

Stoffe für den Flor
7,50 m Singlejersey aus reiner Baumwolle, 150 cm breit, rot
1 m Singlejersey aus reiner Baumwolle, 150 cm breit, schwarz

Gut verwendbar ist auch ein schwarzes, langärmliges T-Shirt.

Stoffe vorbereiten und zuschneiden
Im Stoffgeschäft kauft man die meisten Stoffe in doublierter Aufmachung, das heißt, sie sind einmal in der Breite gefaltet und dann auf ein Pappbrett aufgewickelt. Den Knick an der einen Seite nennt man Stoffbruch, die anderen beiden Kanten sind bei gewebten Stoffen die Webkanten, bei Jerseys sind es offene Kanten, da Maschenwaren fast immer als Schlauch hergestellt werden, der dann aufgeschnitten wird. Die Schnittkanten dieser Waren werden mit einer Art Leim bestrichen, der das Zusammenrollen verhindert. Diese Kanten sind hart und können nicht benutzt werden. Bevor man den Jerseystoff in Streifen schneidet, sollten Sie also die Leimkanten entfernen.

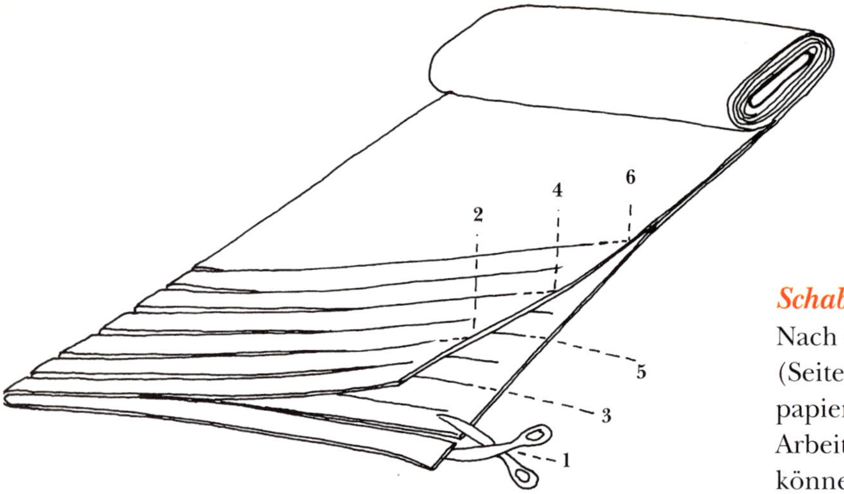

So schneidet man doublierten Stoff in Streifen.

Beim Zuschneiden der benötigten Streifen bleibt der Stoff doubliert und wird in gleichmäßig 5 Zentimeter breite Streifen aufgeteilt. Der Schnitt erfolgt jeweils vom Stoffbruch bis knapp vor die gegenüberliegenden offenen Kanten. Sind alle Schnitte ausgeführt, kann man die obere Stofflage etwas hochklappen und den zweiten, den vierten und jeden weiteren geraden Einschnitt ganz durchtrennen. An der unteren Stofflage sind es jeweils die ungeraden Einschnitte, die durchtrennt werden. Auf diese Weise erhält man einen Endlosstreifen, den man zum Knäuel aufwickeln kann.

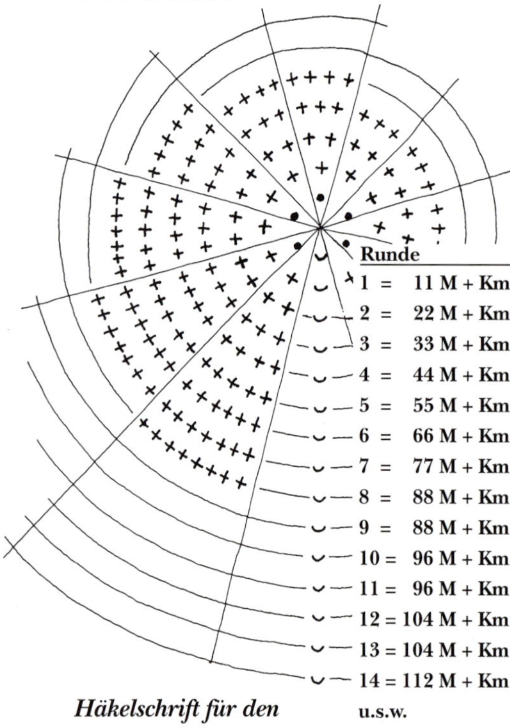

Runde	Zunahme
1 = 11 M + Km	
2 = 22 M + Km	11 M
3 = 33 M + Km	11 M
4 = 44 M + Km	11 M
5 = 55 M + Km	11 M
6 = 66 M + Km	11 M
7 = 77 M + Km	11 M
8 = 88 M + Km	11 M
9 = 88 M + Km	keine
10 = 96 M + Km	8 M
11 = 96 M + Km	keine
12 = 104 M + Km	8 M
13 = 104 M + Km	keine
14 = 112 M + Km	8 M
u.s.w.	

Häkelschrift für den Körper mit Zunahmeschema.

Schablone herstellen

Nach der Schemazeichnung des Marienkäfers (Seite 49) sollten Sie sich eine Vorlage aus Packpapier in Originalgröße herstellen, damit Sie das Arbeitsteil von Zeit zu Zeit zur Kontrolle auflegen können. Das aufgezeichnete Raster ist für die Vergrößerung hilfreich.

Körper häkeln

Der Marienkäferteppich wird in der Mitte beginnend in Runden gehäkelt. Jede Runde schließt mit einer Kettmasche, die die erste und letzte Masche verbindet. In Runden häkeln hat den Vorteil, daß die Arbeit nicht gewendet werden muß. Egal, ob die Grundreihe oder die flortragende Reihe gehäkelt wird, die Rückseite des Teppichs zeigt zu Ihnen. Das innerhalb des Kreises liegende Köpfchenteil und das hintere Flügelzwischenteil in Schwarz werden in den entsprechenden Runden durch Wechsel der Florfarbe gearbeitet (siehe Häkelschriften auf Seite 50).

Der schmale, schwarze Trennstreifen der Flügel entsteht erst nach Fertigstellung der Körperfläche, indem ein schwarzer Stoffstreifen, schlaufig gelegt, zwischen die einzelnen Reihen und Maschen eingenäht wird. Man kann damit auch gut den Rundenschluß verdecken.

Für die Grundfläche des Teppichs nehmen Sie die graue Wolle mit doppeltem Faden. So werden 5 Luftmaschen angeschlagen und zu einem Ring geschlossen. In diesen Ring werden als erste Grundrunde 11 feste Maschen gehäkelt. Darauf folgt die erste flortragende Runde.

Wichtig:
Zunahmen erfolgen nur in den Grundrunden, also den Runden, in denen keine Stoffstreifen eingelegt werden.

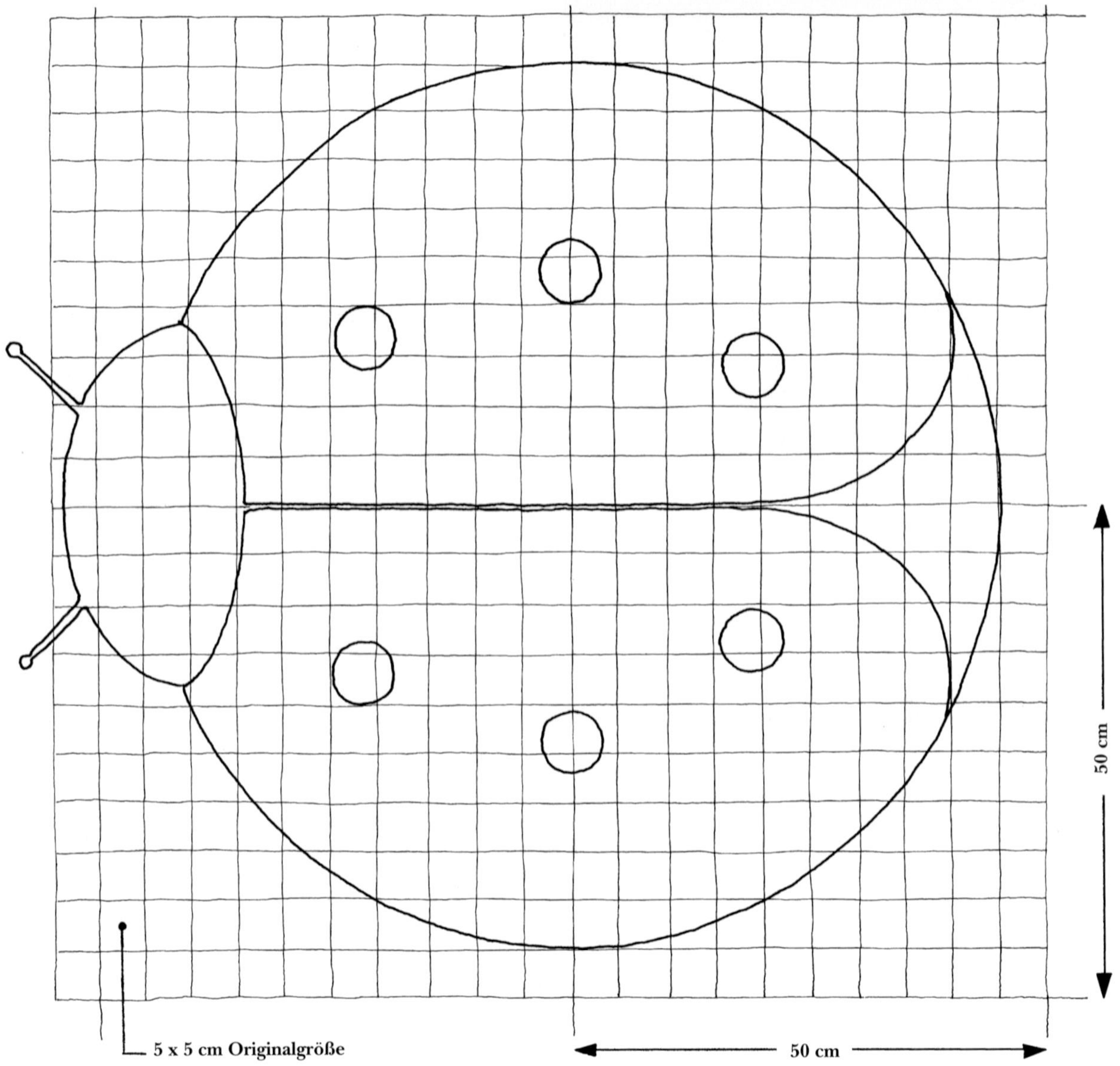

In der zweiten Grundrunde werden in jede feste Masche der vorhergehenden Runde 2 feste Maschen gehäkelt. Die Zunahme beträgt also 11 Maschen. Der Einstich erfolgt auch hier zwischen den senkrechten Maschenteilen. Danach folgt wieder eine flortragende Runde.

In der dritten Grundrunde werden wieder 11 Maschen zugenommen. Die Zunahme erfolgt in jeder zweiten festen Masche der Vorrunde.
Bis zur achten Runde verläuft die Zunahme gleichmäßig (siehe Häkelschrift). Die Maschenzahl beträgt dann 88. Ab jetzt bis einschließlich zur vierzigsten Runde werden nur noch in jeder zweiten Grundrunde 8 Maschen zugenommen. Die Zunahmestellen werden versetzt angeordnet, damit sich keine Ecken bilden. Die Endmaschenzahl beträgt 216.
Nicht vergessen: Ab der 18. Runde den Farbwechsel für das Flügelzwischenteil und ab der 36. Runde für das Köpfchen beachten!
In der 41., 42. und 43. Runde bleibt die Maschenzahl bei 216 konstant. Die 43. Runde ist die Abschlußkante des Teppichs.

Die letzte flortragende Runde des Teppichs wird schon mit dem schwarzen Baumwollgarn gehäkelt, genauso wie die Umrandung, die nur aus festen Maschen besteht. Andernfalls wäre es möglich, daß das graue Garn, das für die gesamte Fläche verwendet wurde, seitlich zwischen den Stoffnoppen der letzten Runde sichtbar ist.

Der Strukturteppich „Blaue Stunde"

Größe
108 x 154 cm

Die Gestaltung eines Teppichs ist immer wieder ein aufregendes Abenteuer. Man weiß nie so genau, wie es ausgehen wird. Manchmal hat man bestimmte Farben vor Augen oder auch ein ausgeprägtes Muster, manchmal eine Größe oder einen bestimmten Zweck.

Bei diesem Entwurf sollte der Umgang mit Farben sparsam sein und hauptsächlich mit reliefartigen Strukturen experimentiert werden.
Die Flächenaufteilung mit Mittelteil und unterschiedlich breiten Rändern an den Außenkanten hat ihren Ursprung in der klassischen Teppichgestaltung und findet hier eine zeitgemäße Interpretation.

Die Musterung wird durch zwei verschiedene, längs und quer angeordnete Oberflächenstrukturen bestimmt, die durch unterschiedliche Schlaufenbildung mit zwei verschieden starken Stoffen entstehen (noppig = flach, schlaufig = hoch).
Zwei nur in der Helligkeit und Intensität abweichende Grüntöne unterstützen die reliefartige Wirkung: der abgedunkelte Farbton für die tieferliegenden Noppen, der hellere Farbton für die schlaufigen, erhabenen Partien. Den passenden Rahmen bekommt der Teppich durch einen tiefblauen Rand, der an den breiteren Querkanten ebenso noppig und schlaufig (flach und erhaben) gearbeitet ist.

Arbeitsgeräte
Häkelnadel Nr. 6
Stopfnadeln
kleine Schere

Garn für die Fläche
3200 g einfach gedrehtes Streichgarn aus reiner Wolle in Grau
Lauflänge: 250 m auf 100 g
Der Faden wird dreifach verarbeitet.

Garn für den Rand
260 g Dochtgarn aus reiner Schurwolle in Smaragdgrün
Lauflänge: 120 m auf 100 g
Der Faden wird zweifach verarbeitet.

Stoffe für den Flor
Sie benötigen rohweiße Baumwollstoffe in drei unterschiedlichen Qualitäten, die entsprechend des Entwurfes eingefärbt werden.

Stoff Nr. 1 – helleres Grün
4,50 m stabiles, standfestes Köpergewebe aus reiner Baumwolle, 150 cm breit
150 ml Textilechtfarbe in Smaragdgrün für 1250 g Stoff (Trockengewicht)

Nach dem Färben wird das Material parallel zur Breite in 2 – 2,5 cm breite Endlosstreifen gerissen (siehe Seite 15). Für eine Reihe von 112 cm Länge im Mittelteil des Teppichs wird etwa 4 x die volle Stoffbreite gebraucht (4 x 150 cm = 600 cm Endlosstreifen).
Die Streifen werden beim Einhäkeln zwischen den Maschen großschlaufig vorgeschoben, ohne sie aber in der Breite zu falten; sie bilden einen erhabenen Flor.

Stoff Nr. 2 – dunkleres Grün
6,50 m weiches (weicher als Stoff Nr. 1!) Köpergewebe aus reiner Baumwolle, 150 cm breit
300 ml Textilechtfarbe in Smaragdgrün, gemischt mit 25 ml Textilechtfarbe in Schwarz für 2250 g Stoff (Trockengewicht)

Die Stoffstreifenbreite beträgt diesmal 4 cm. Für eine Reihe (112 cm) im Mittelteil des Teppichs braucht man einen Streifen in dreifacher Stoffbreite (3 x 150 cm = 450 cm Endlosstreifen). Die Stoffstreifen werden beim Einhäkeln in der Breite gefaltet oder gerollt und noppig zwischen den Maschen vorgeschoben. Die so entstehende Oberflächenstruktur wirkt eher flach.

Stoff Nr. 3 – Blau
3,50 m Köpergewebe aus reiner Baumwolle von mittlerer Standfestigkeit, 90 cm breit
150 ml Textilechtfarbe in Kobaltblau, gemischt mit 50 ml Textilechtfarbe in Lila für 1100 g Stoff (Trockengewicht)

Der blaue Rand wird überwiegend mit schlaufiger, aber auch mit noppiger Struktur gearbeitet. Für die Flächen mit schlaufiger Struktur wird der Stoff in 2 – 2,5 cm breite Streifen gerissen. Für eine Reihe von 1 m Länge braucht man einen Streifen in sechsfacher Stoffbreite (6 x 90 cm = 540 cm Endlosstreifen).
Für die sechs Reihen mit noppiger Struktur werden die Streifen in 3 – 3,5 cm Breite geschnitten, die auch wieder gefaltet oder gerollt eingehäkelt werden. Für eine Reihe von einem Meter Länge ist ein Streifen in dreifacher Stoffbreite nötig (3 x 90 cm = 270 cm Endlosstreifen).

Häkeln
Wie die jeweiligen Farben mit ihren Strukturen in der Teppichfläche verteilt sind, zeigt die Zeichnung auf Seite 55. Jede Farbe und Struktur hat ihr eigenes Symbol. In welcher Reihenfolge die Fläche entsteht, zeigen die Nummern: zuerst das mittlere Feld, dann die grünen und blauen Querfelder, der blaue Außenrand mit schlaufiger Struktur und die Berandung mit smaragdgrüner Dochtwolle.

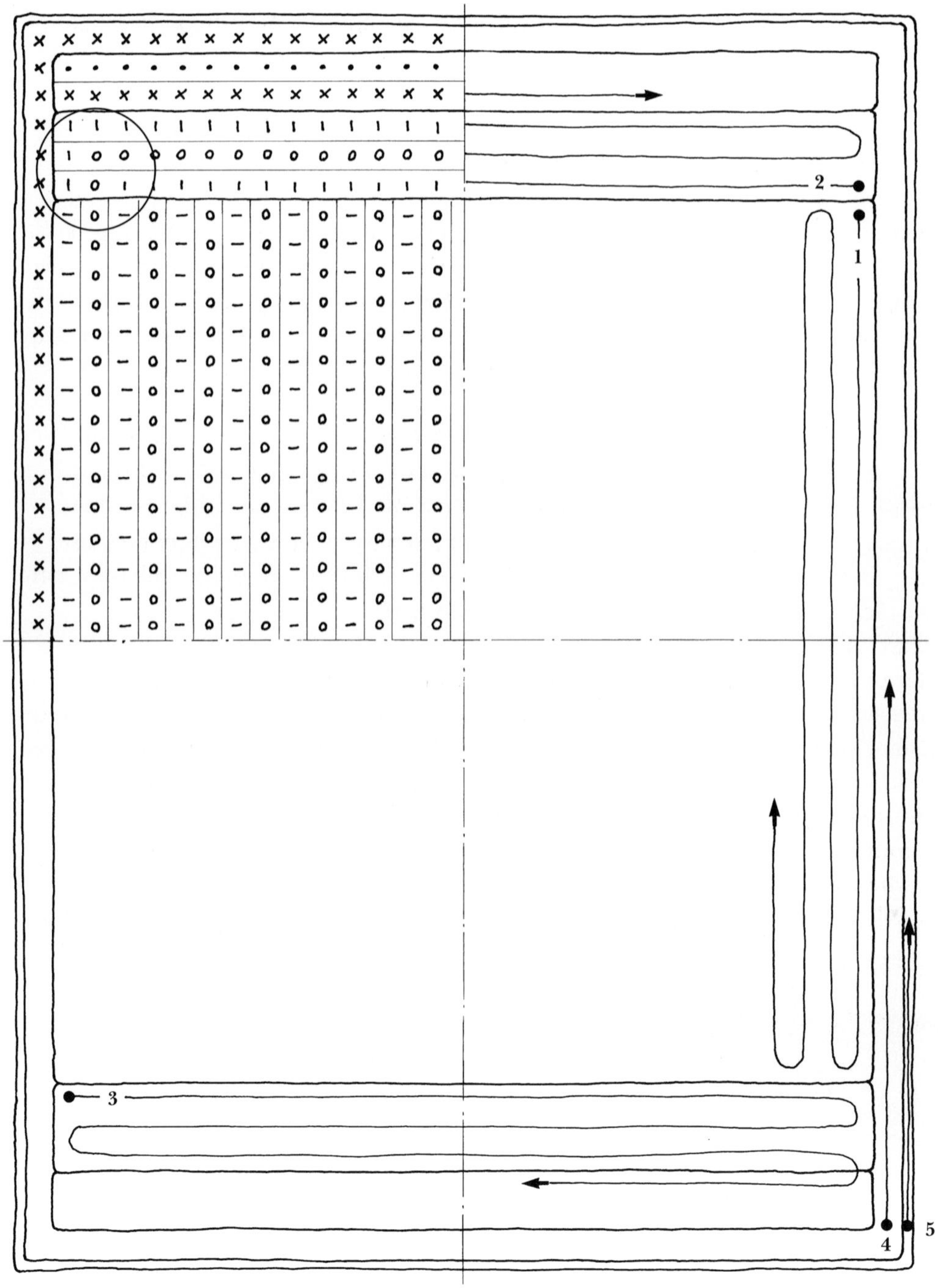

– = dunkleres Grün, je 3 Reihen mit noppiger Struktur
O = helleres Grün, je 3 Reihen mit schlaufiger Struktur
• = Blau, je 3 Reihen mit noppiger Struktur
x = Blau, je 3 Reihen mit schlaufiger Struktur
1 – 4 = Anfangspunkte für die Reihen der einzelnen Felder
5 = Berandung mit einer Reihe fester Maschen in smaragdgrünem Dochtgarn

Für das Mittelteil werden 90 Luft- und eine Wendemasche angeschlagen. Es folgt eine Reihe fester Maschen als Grundreihe für die erste flortragende Reihe. Gehäkelt wird mit dem dreifachen, grauen Streichgarn. Da später an allen Seiten des Mittelteiles noch angehäkelt wird, muß keine spezielle Anfangskante gearbeitet werden. In den ersten drei flortragenden Reihen werden Streifen vom dunkleren Stoff Nr. 2 mit noppiger Struktur eingehäkelt, anschließend drei Reihen mit dem helleren Stoff Nr. 1 in schlaufig erhabener Struktur. Dann folgen wieder drei Reihen mit Stoff Nr. 2 usw. Nach 87 Reihen ist das mittlere Feld fertig. Die letzten drei Reihen sind ebenso wie die ersten drei mit Stoff Nr. 2 in noppiger Struktur gearbeitet.

Falls die gehäkelte Fläche sich etwas verzogen haben sollte, ist jetzt der richtige Zeitpunkt, um sie durch Spannen wieder in Form zu bringen (siehe Seite 62).
Wenn Sie ein vergleichbares Material verwendet haben, sollte das Mittelfeld jetzt 100 cm breit (87 Reihen) und 112 cm lang (90 Maschen) sein. Der Flor ist Ihnen zugewandt, wenn Sie die erste Grundreihe für eines der Querfelder anhäkeln. Der Mascheneinstich erfolgt zwischen den Reihen, am Anfang und Ende mit je einer Masche zusätzlich. Insgesamt werden 88 Maschen angehäkelt.

Wichtig:
Da der in Arbeit befindliche Teppich nun schon sehr groß und schwer geworden ist, ist es am besten, ihn ab jetzt beim Weiterarbeiten zusammengerollt auf dem Schoß zu halten. Manche Menschen finden es aber auch sehr entspannend, auf dem Fußboden zu arbeiten. Sie sollten es sich jedenfalls so bequem wie möglich machen, dann geht die Arbeit gut von der Hand!

Die ersten flortragenden Reihen sind etwas kompliziert zu arbeiten, da innerhalb der Reihen die Farbe mehrfach wechselt (siehe auch Kreis in der Zeichnung). Die Musterung sollte sich um die Ecke ziehen, deswegen müssen in der ersten flortragenden Reihe
4 Maschen Stoff Nr. 2 mit noppiger Struktur,
3 Maschen Stoff Nr. 1 mit schlaufiger Struktur,
74 Maschen Stoff Nr. 2 mit noppiger Struktur,
3 Maschen Stoff Nr. 1 mit schlaufiger Struktur,
4 Maschen Stoff Nr. 2 mit noppiger Struktur eingearbeitet werden.
Die zweite und dritte flortragende Reihe wird genauso gehäkelt, da der Wechsel der Musterung immer nach drei Reihen erfolgt.

Jetzt wird es schon etwas einfacher:
In der vierten bis sechsten Reihe erfolgt der Farbwechsel nur noch nach den ersten und vor den letzten 4 Maschen der Reihen. Häkeln Sie also
4 Maschen im dunkleren Grün (Stoff Nr. 2) mit noppiger Struktur,
80 Maschen im helleren Grün (Stoff Nr. 1) mit schlaufiger Struktur,
4 Maschen im dunkleren Grün (Stoff Nr. 2) in noppiger Struktur.

Die Reihen 7 bis 9 werden durchgehend in Grün mit Stoff Nr. 2 in noppiger Struktur gehäkelt. Darauf folgen drei Reihen in Blau (Stoff Nr. 3) mit schlaufiger Struktur und noch drei Reihen in Blau mit noppiger Struktur.

Das gegenüberliegende Querfeld wird genauso gearbeitet.

Nach der letzten flortragenden Reihe des zweiten Querfeldes kann man gleich mit der Grundreihe für den Außenrand fortfahren. Der Mascheneinstich erfolgt wie immer zwischen den senkrechten

Maschenteilen bzw. an den Seiten der Querfelder zwischen den Reihen. In die Eckpunkte des Teppichs werden drei Maschen plaziert. Nach 2 Runden mit blauem, schlaufigem Flor sollte der Arbeitsfaden gewechselt werden, denn es ist schöner, wenn die letzte Grundrunde und auch die letzte flortragende Runde des Außenfeldes schon mit dem smaragdgrünen Randgarn ausgeführt werden. Den Abschluß dieses Teppichs bildet eine einfache Runde fester Maschen mit dem smaragdgrünen Dochtgarn, die dem Blau des Randes Intensität und Leuchtkraft verleiht und dem ganzen Teppich einen Rahmen gibt.

Der ideale Platz für diesen Teppich ist vor einem tiefreichenden Fenster oder einer Balkontür. Hier fällt das Tageslicht relativ flach ein und betont so den Reliefcharakter des Teppichs, besonders bei Sonnenuntergang und in der darauf folgenden „blauen Stunde“.

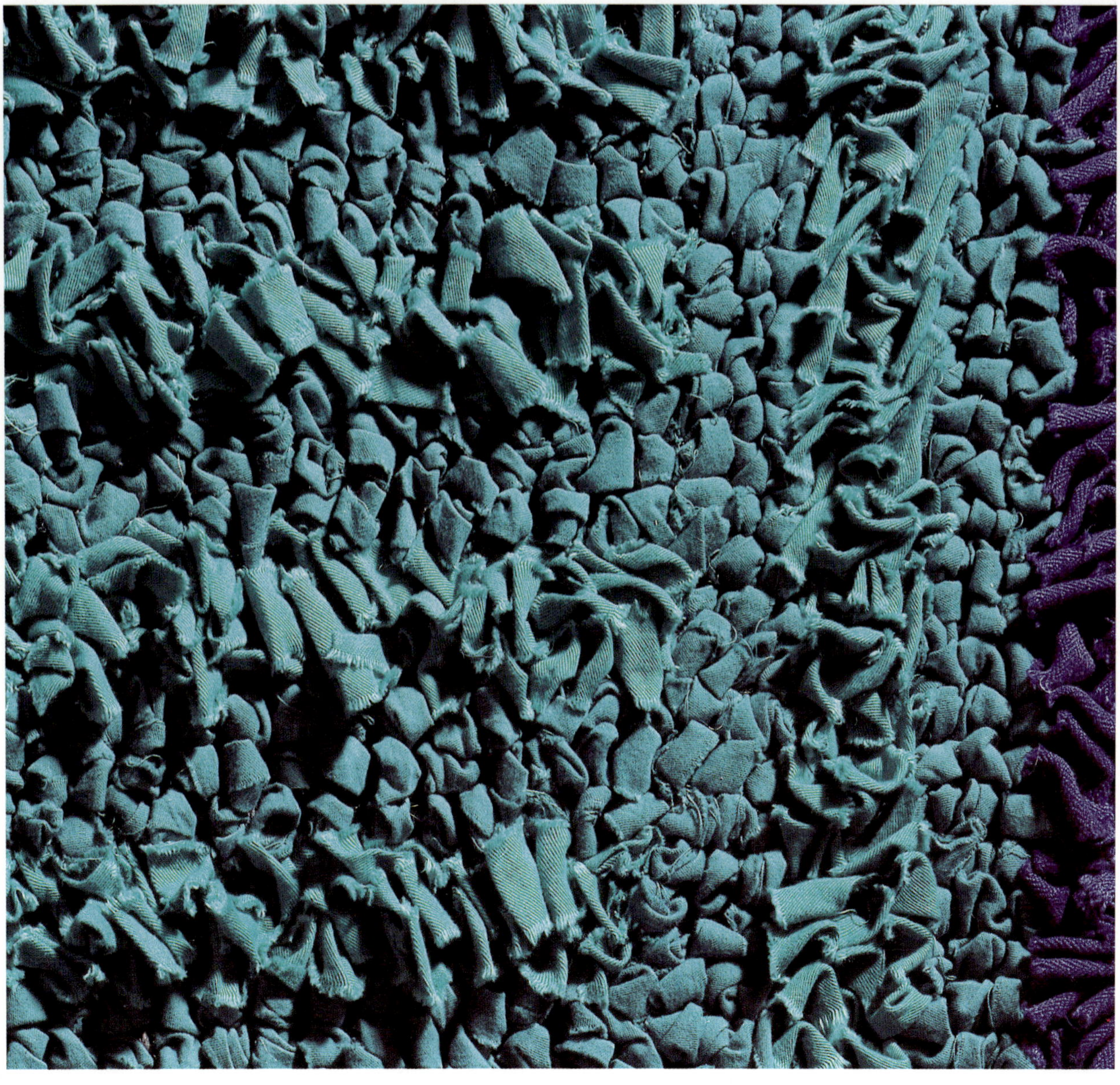

Die Wintergartenmatte

Größe
75 x 150 cm

Tropische und subtropische Pflanzen, Möbel aus Rattan und Peddigrohr bestimmen das Bild eines Wintergartens. Das Tüpfelchen auf dem „i" ist dazu diese Bodenmatte aus natürlichen und exotischen Materialien. Sie ist schnell und einfach anzufertigen. Da sie recht stabil und strapazierfähig ist, kann sie als Treppenvorleger gute Dienste leisten. Aber auch größere Formate sind kein Problem, da das Material relativ leicht ist. In diesem Ambiente kann man entspannen und den Winter vergessen, auch jenseits von Afrika!

Arbeitsgeräte
Häkelnadel Nr. 6
Dünne Stopfnadel zum Annähen des Einfaßbandes
Schere
Papierschere
Gartenschere für das dickere Oberflächenmaterial

Garn für die Fläche
2200 g Füssener Wurstgarn aus 100 % Hanf, dreifach gezwirnt, naturfarbig (Garnfeinheitsbezeichnung: Nm 3,5)
Der Faden wird zweifach verarbeitet.

Wurstgarn ist häufig auch als Paketschnur im Handel erhältlich, jedoch verhältnismäßig teuer. In Seilereigroßhandlungen und bei Firmen, die sich auf Verpackungsmaterial spezialisiert haben, findet man eine große Auswahl an verschiedenen Stärken zu sehr günstigen Preisen.

Material für die Oberfläche
Packpapierkordel, einfarbig (mittelblau, hellblau und grün)
Stabiles Packpapier, naturfarbig, zu Streifen geschnitten und zusammengerollt
Stabiles Kraftpapier, farbig bedruckt, zu Streifen geschnitten und zusammengerollt
Papierband, schwarz, gedreht und gerollt
Elefantengras, getrocknet (grünlich)
Kokoskordeln, einfarbig (rot)
Baumbindekordel aus Kokos (rötlichbraun)
Sisalkordeln, einfarbig (gelb, lila, grün)

Weitere Materialien, die man verwenden könnte:
- dünne, frisch geschnittene Halme von Bambus, anfangs noch grün, später ausbleichend,
- Makrameekordeln, auch aus Synthetik, in vielen Farben,
- Jutekordeln,
- Bast,
- Peddigrohr,
- dünne Zweige der Korbweide,
- bedrucktes Zeitungspapier etc.

Der Phantasie sind bei der Auswahl keine Grenzen gesetzt. In welcher Reihenfolge und Zusammenstellung man die Materialien in der Matte anordnet, spielt keine Rolle. Wirkungsvoll ist alles.

Material für den Rand
5 m Teppicheinfaßband aus 100 % Jute, 7 cm breit, naturfarbig
40 m Sternchenzwirn aus 100 % Leinen, naturfarbig (zum Annähen des Bandes)

Wichtig:
Alle Materialien bekommt man in Papier- und Bastelläden und in Gartencentern. Gräser (wie das Elefantengras) kann man selbst sammeln und zum Trocknen einige Tage auf Zeitungspapier auslegen.

Die fertige Matte und das verwendete Material.

Häkeln

Die Arbeitsweise unterscheidet sich nur geringfügig von den bisher beschriebenen Teppichen. Das Oberflächenmaterial ist hier starr und kann nicht schlaufig eingearbeitet werden. Es wird beim Häkeln glatt eingelegt. Bei der Verwendung von Papieren muß unbedingt darauf geachtet werden, daß sie sehr reißfest sind. Das Häkelgarn bleibt sichtbar und sollte daher in Farbe und Charakter mit dem Einlegematerial und dem Einfaßband übereinstimmen.

Die gesamte Matte wird mit doppeltem Wurstgarnfaden in Reihen gearbeitet. Für die Breite werden 73 Luftmaschen und eine Wendemasche angeschlagen, in die als erste Reihe feste Maschen gehäkelt werden. Die zweite Reihe ist eine Grundreihe, ebenfalls feste Maschen, auf die dann die erste Kordel oder der erste Papierstreifen aufgearbeitet wird. Das einzulegende Material liegt glatt hinter der Grundreihe und wird wie gewohnt mit festen Maschen überhäkelt. Dabei darf allerdings nur in jede zweite Masche der Grundreihe eingestochen werden, denn sonst wäre das Effektmaterial ganz überhäkelt und nicht mehr sichtbar. Überbrücken Sie die festen Maschen der Grundreihe, in die nicht eingestochen wird, mit Luftmaschen, d.h. Sie häkeln eine feste Masche und eine Luftmasche im Wechsel. Die Maschenzahl für die Breite muß daher auch ungerade sein, damit die Reihe mit je einer festen Masche beginnt und endet.

Eine Reihe der Matte ist bei Verwendung des angegebenen Hanfgarnes ca. 1,5 cm hoch. Für die genannte Länge muß man daher 95 Reihen häkeln zuzüglich der Anfangs- und Endreihe mit festen Maschen.

Bedingt durch die sehr unterschiedlichen eingehäkelten Materialien kann es zu Breitenschwankungen kommen. Dies läßt sich vermeiden, wenn

man die Materialien auf gleiche Länge zuschneidet und auf einen seitlichen Überstand von ca. 1 cm achtet.

Wenn Sie es besonders genau nehmen, spannen Sie die fertiggestellte Matte noch ein paar Tage auf das exakte Maß. Feuchten Sie sie zwischendurch ein wenig mit einer Sprühflasche an und arbeiten Sie dann erst den Rand.

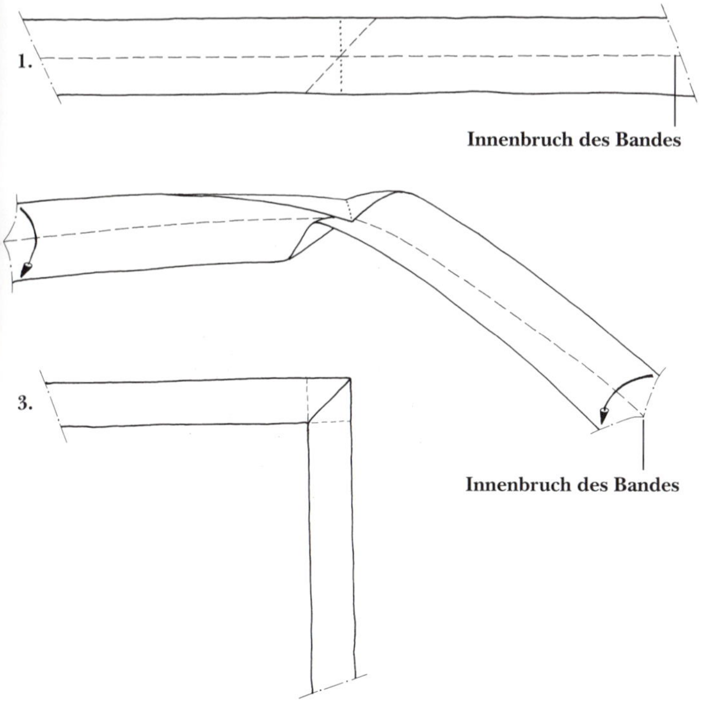

---- gestrichelte Linie = nach vorn knicken
.... gepunktete Linie = nach hinten knicken

Fertigstellen

Flache Teppiche wie diese Matte kann man mit speziellen Bändern, die man im Teppichfachhandel erhält, einfassen. Diese Bänder gibt es aus verschiedenem Material, in verschiedenen Breiten und Farben. Für die Wintergartenmatte paßt am besten ein naturfarbiges Juteband, das die Farbe des Wurstgarnes fortsetzt. Bevor es angenäht werden kann, müssen die Maße für Länge und Breite der Matte sowie die Zugabe für die Ecken angezeichnet werden.
Stecken Sie das Band auf der Rückseite der Matte knapp auf die Kante und nähen Sie es entweder von Hand mit Rückstichen oder mit der Nähmaschine mit kleinem Zick-Zack-Stich fest. Die Ecken werden vorher einseitig eingelegt (siehe Zeichnung) und das Band an einer unauffälligen Stelle mit einer auseindergelegten Naht zusammengefügt. Die Bandverbindung sollte nicht in einer Ecke liegen, da diese sonst zu sehr aufträgt.

Wichtig:
Falls Sie das Band mit der Nähmaschine aufnähen möchten, sollten Sie unbedingt ein starkes Polyesternähgarn sowie eine Jeansnadel Stärke 100 verwenden. Anhand einer Probe können Sie ausprobieren, ob die Maschine für das Nähgut geeignet ist.

Nun wird das Band um die Kante auf die rechte Seite der Matte herumgeschlagen und dort festgesteckt. Die Ecken werden auch hier einseitig gelegt, jedoch entgegen der Lage auf der Rückseite. Die Kante des Bandes auf der Oberseite muß die Naht der Unterseite verdecken. Dann wird die Bandkante mit Rückstichen von Hand angenäht, dabei nicht alle Lagen fassen. Mit der Maschine läßt sich diese Naht nicht ausführen. Die Diagonalnähte der Ecken werden mit unsichtbaren Überwendlings- oder Hohlstichen geschlossen.

Zum Schluß

Spannen des fertigen Teppichs

Das Spannen des Häkelteppichs ist notwendig, wenn durch ungleichmäßiges oder zu lockeres Arbeiten Schwankungen in der Breite oder zuviel Elastizität in der Textilfläche entstanden sind.
Es ist nicht in jedem Fall erforderlich und auch nicht immer möglich. Größere Teppiche von mehr als 2 m² Fläche können nur Stück für Stück gespannt werden. Das ist sehr aufwendig und zu Hause oft schwer durchführbar. In diesem Fall kann man ruhigen Gewissens auf das Spannen verzichten. Auch Unregelmäßigkeiten haben ihren Reiz und sind nicht zuletzt auch der Beweis für eine sehr individuelle Handarbeit. Allerdings wirkt die Oberfläche des Teppichs, nachdem er gespannt und gedämpft worden ist, sehr viel voller und gleichmäßiger. Wägen Sie also von Fall zu Fall ab, was zu tun ist.
Zum Spannen brauchen Sie ein großes Brett, eine Spanplatte oder ein altes Türblatt, etwas größer als der Teppich. Diese Platte wird provisorisch mit neutralem Papier (unbedrucktes Zeitungs- oder Packpapier) bespannt, auf das der Umfang des Teppichs mit etwas Zugabe aufgezeichnet wird. Bedrucktes Papier ist nicht gut geeignet, da es möglicherweise abfärbt.
Nageln Sie den Teppich erst an den Quer-, dann an den Längsseiten auf der Platte fest und richten Sie die Form dabei rechtwinklig aus. Die rechte Seite des Teppichs liegt unten. Anschließend wird die Teppichrückseite mit dem Bügeleisen ausgiebig, allerdings nur mit leichtem Druck, gedämpft. Am besten funktioniert das mit einem Dampfbügler, legen Sie aber zusätzlich immer noch ein feuchtes Tuch zwischen Teppichrücken und Bügeleisen. Der Teppich soll während dieses Prozesses viel Feuchtigkeit aufnehmen. Anschließend bleibt er noch einige Stunden, besser 1 – 2 Tage, auf dem Brett aufgespannt. Je länger er liegenbleibt, desto besser wird die Form fixiert. Beim Abnehmen muß er auf jeden Fall ganz trocken sein.

Reinigung und Pflege

Schlaufenhäkelteppiche sind nicht schwieriger zu pflegen als andere Teppiche. Wenn man sie beim Staubsaugen schonend behandeln möchte, saugt man anfangs mit einer Polsterbürste, später mit einer glatten Bodendüse. Kleinere Objekte lassen sich auch sehr gut ausschütteln.

Aufgrund ihrer noppigen Oberfläche sind diese Teppiche von Natur aus gegen Schmutz unemp-

findlich. Flecken fallen meistens gar nicht auf und falls doch, werden sie mit einem feuchten Frottiertuch (z.B. einem alten Waschlappen) ausgerieben und trockengetupft. Falls es doch einmal nötig ist, kann man die Teppiche auch reinigen lassen. Kleine Formate, wie z.B. die Badezimmermatte, dürfen auch in die Waschmaschine, vorausgesetzt, das Gewicht entspricht dem Fassungsvermögen und das Material ist waschmaschinengeeignet.
Teppiche kleineren Formats aus Wolle können, wenn man es sich zutraut, in einer Wanne kalt von Hand gewaschen werden. Am besten geht das im Freien, da man hier keine Probleme mit einem über viele Stunden tropfenden Teppich hat.
Die Matte für den Wintergarten sollte nur ausgeschüttelt werden. Eine Reinigung oder Wäsche ist wegen der eingearbeiteten Papiere nicht möglich. Man läßt sie in Ehren altern.

Die Haltbarkeit der Schlaufenhäkelteppiche ist außerordentlich gut. Auch kleine Kinder und sogar Hunde können ihnen kaum etwas anhaben. Sie sehen noch nach Jahren so gut wie neu aus. Trotzdem kann es vorkommen, daß sich vereinzelt Schlaufen aufgezogen haben. Abhilfe schafft ein Stäbchen oder Häkelhaken, mit dem man die glattgezogenen Schlingen wieder in Form bringt.

Ein lange strapazierter Bodenteppich vor der Reparatur.

Nach der Reparatur: Aufgezogene Schlaufen werden zurück in den Flor gezupft oder abgeschnitten, die glatt getretenen Noppen durch Bürsten wieder aufgerichtet.

Ein Wort zum Zeitaufwand

Jedes Ding braucht seine Zeit, und obwohl die Schlaufenhäkeltechnik sehr einfach ist, wird es doch einige Stunden dauern, bis Ihr Teppich fertig wird. Manchmal liegt es am Material – wie gut oder wie schlecht es durch die Hände gleitet –, manchmal ist es der Entwurf, der sehr kompliziert auszuführen ist.

Es gibt aber auch Objekte, die schnell fertig werden (z.B. die Badezimmermatte), was sicherlich mit der Überschaubarkeit des Formates zu tun hat. Die reine Arbeitszeit betrug dabei gerade mal 10 Stunden.

Wenn Sie die Technik beherrschen, müssen Sie normalerweise für eine Fläche von 20 x 20 cm inclusive Vorbereitung des Materials etwa eine Stunde Zeit einplanen. Geübte mit flinken Händen und großem Elan schaffen es vielleicht auch noch schneller.

Bezugsquellen

Vielfältige Anregungen für eigene Teppiche und ausgesuchte Modelle zum Nacharbeiten sind nun vorgestellt. Die Frage der Materialbeschaffung ist bei den einzelnen Modellen teilweise angesprochen. Mit ein bißchen Phantasie findet man viele Materialien im eigenen Kleider- und Wäscheschrank oder bei Restverkäufen in Kaufhäusern und Webereien. Ich möchte daher nur die Adressen zweier Stoffversandhäuser angeben, die auch Einzelkunden beliefern. Für alle anderen gilt es, nach vergleichbaren Bezugsquellen Ausschau zu halten.

Buttinette
Textil-Versandhaus
86637 Wertingen

Stoff aus Naturfasern
A. Pletsch (Versand)
35452 Heuchelheim

Der Stoff für den Vorhangteppich (Seite 24) stammt von Ikea.

Dank der Autorin

Ein großes Dankeschön gebührt meinem Mann, Tilman Ponfick, der mir bei der Entstehung dieses Buches immer hilfreich und ermutigend zur Seite gestanden hat. Danke auch für die Anfertigung der Zeichnungen.
Ein ebenso großer Dank unseren Freunden in Lembach, die uns Haus und Hof für die Fotoaufnahmen zur Verfügung gestellt haben.
Danke auch an Jochen Gaßner für die Fotoaufnahme auf Seite 38.
Und zu guter letzt ein sehr herzliches Dankeschön meinem ehemaligen Professor, Hamdi el Attar, der meine Suche nach alternativen Textiltechniken und mein experimentelles Arbeiten immer unterstützt und gefördert hat.

Die Deutsche Bibliothek –
CIP-Einheitsaufnahme
Häkelteppiche selbst gestalten/
Ingeborg Schmidt-Ponfick.
– Augsburg: Augustus-Verl., 1999
ISBN 3-8043-0549-0

Impressum

Fotografie: Klaus Lipa, Augsburg
Lektorat: Margit Bogner
Umschlaggestaltung: Petra Pawletko, unter Verwendung einer Reihengestaltung von Christa Manner, München
Layout und Satz: Petra Pawletko, Augsburg
Herstellung: Charmaine Müller

Augustus Verlag Augsburg 1999

Reproduktion: Typework, Augsburg
Druck und Bindung: Appl, Wemding
Gedruckt auf 115 g/m² umweltfreundlich chlorfrei oder elementar chlorfrei gebleichtem Papier.

ISBN 3-8043-0549-0